Cte D'IDEVILLE

ANCIEN SECRÉTAIRE D'AMBASSADE A TURIN

VICTOR-EMMANUEL

Sa Vie, sa Mort

SOUVENIRS PERSONNELS

SOCIÉTÉ GÉNÉRALE DE LIBRAIRIE CATHOLIQUE

PARIS	BRUXELLES
VICTOR PALMÉ	J. ALBANEL
directeur général	directeur de la succursale pour la Belgique et la Hollande.
rue de Grenelle-St Germain, nº 25.	*place de Louvain, 5*

1878

VICTOR-EMMANUEL II

Cte D'IDEVILLE

ANCIEN SECRÉTAIRE D'AMBASSADE A TURIN

VICTOR-EMMANUEL II

Sa Vie, sa Mort

SOUVENIRS PERSONNELS

SOCIÉTÉ GÉNÉRALE DE LIBRAIRIE CATHOLIQUE

PARIS	BRUXELLES
VICTOR PALMÉ	J. ALBANEL
directeur général	directeur de la succursale pour la Belgique et la Hollande.
rue de Grenelle-St Germain, n° 25.	place de Louvain, 5

1878

VICTOR-EMMANUEL II

———

Un patriote italien indiscuté, Joseph Montanelli, a laissé dans ses *Mémoires* un tableau saisissant de l'intérieur du palais de Turin avant 1848, et un portrait peu flatté du roi Charles-Albert :

« Ce palais de Charles-Albert ressemblait à une maison de pénitence, tant était sombre, sévère, monacal, l'aspect que lui imprimait la dévotion du roi. Après les prières d'usage il se plongeait de très-bonne heure dans le silence et l'obscurité, et, souvent, au plus profond de la nuit, une faible lueur attestait que le roi pénitent veillait et se livrait à ses exercices de piété. Il entendait la messe chaque jour, jeûnait, même hors des jours obligés, s'infligeait la discipline et se macérait jusqu'à compromettre sa santé.

« Tout enfoncé qu'il était dans un mysticisme rappelant le moyen âge, il restait imprégné de scepticisme voltairien au point de croire et de répéter, à qui voulait l'entendre, que ces mêmes jésuites qu'il investissait de pleins pouvoirs sur ses sujets étaient bien capables d'empoisonner leur roi. Le duc d'Aumale étant venu le visiter en 1843, l'engageait à opérer des réformes : Charles-Albert lui répondit : « Je suis entre le poignard des carbonari et le poison des jésuites.

« Oui, voilà l'homme : il vit dans une éternelle défiance, comme dans son élément, ayant toujours soin de la voiler sous une parfaite et séduisante courtoisie : il sent le besoin d'un

appui sympathique et il ne peut se reposer entièrement sur personne ; dévoré d'ambition et
incapable de grandeur, rebelle à toute idée de
sujétion, et ne sortant de ses perpétuelles irré-
solutions que poussé par une volonté étrangère
ou par quelque impérieux événement ; voulant
et cessant de vouloir à l'heure même, cédant
avec docilité et se repentant d'avoir cédé, pre-
nant ombrage de quiconque, par ses vertus militaires ou civiques, aurait pu illustrer son
règne, telle est la misérable destinée de cette
âme troublée et infirme dont l'ulcère dévo-
rant se manifeste sur ses traits pâles et dé-
charnés.

« Nature essentiellement médiocre, capable
de sentiments chevaleresques dans le culte
étroit de la race, ce prince ignorait la religion
de la patrie et de l'humanité. — Ce caractère
mezzano protéiforme, irrésolu, contradictoire
de Charles-Albert, était taillé tout exprès pour
continuer les errements de la vieille politique
de la maison de Savoie : politique équivoque,

pleine de duplicité, se balançant entre les partis contraires, envieuse du bien d'autrui, persévérante dans ses envahissements insensibles.»

Ce fut dans cet intérieur, auprès de ce prince que nous plaçons infiniment plus haut que ne le place son illustre compatriote, que naquit et que grandit Victor-Emmanuel [1]. — Intelligence moins élevée, esprit moins cultivé que son père, Victor-Emmanuel cependant se rapprochait du roi Charles-Albert par plusieurs

1. Le très libéral professeur et historien, Montanelli nous semble plus que discourtois, injuste à l'égard du roi Charles-Albert. La figure austère et chevaleresque de ce roi malheureux restera, quoi qu'il en dise, une grande figure. Si l'indépendance italienne est aujourd'hui une réalité, il ne faut pas oublier que l'illustre vaincu de Novare, ce prince dont la vie fut une vie de lutte, d'abnégation, de sacrifice se leva, le premier contre l'étranger. Le roi, qu'une sombre fatalité semble avoir poursuivi dès son enfance, eut à préparer les voies à son successeur. Il avait en quelque sorte conscience de l'inutilité de ses efforts ; mais rien ne l'arrêta. Si le comte de Cavour et le roi Victor Emmanuel n'avaient point trouvé l'armée piémontaise réorganisée par Charles-Albert, et le pays et la noblesse prêts à les suivre, eussent-ils aussi facilement accompli leur tâche ?

côtés, et dans le portrait, tracé par le triumvir de Florence, Joseph Montanelli, nous retrouvons plus d'un trait qui peut s'appliquer au roi qui vient de mourir.

A nous qui ne sommes point Italiens, il est bien permis de juger en toute liberté un souverain italien ét d'apprécier à notre guise, selon ses actes et selon notre conscience, l'homme que notre politique imbécile a fait grand et que nos désastres seuls ont couronné. — Dussions-nous, au milieu de ces singuliers concerts de louanges que les journaux français célèbrent autour de la mémoire d'un prince qui nous aimait fort peu, jeter une note discordante, nous n'hésiterons pas à le faire, sans nous départir du respect que nous devons à une tête couronnée et à un soldat mort en chrétien.

Laissons pour le moment les Italiens et les démocrates français élever la gloire de Victor-

Emmanuel à des hauteurs incommensurables ; bornons-nous, entre gens sages, à exprimer notre stupéfaction d'entendre aujourd'hui des Français chanter les vertus et le génie du roi *galant homme*. Quant aux Italiens, ils font leur devoir en agissant de la sorte ; il est sage et prudent d'exalter celui qui nous a gouvernés hier et celui qui va régner demain. —Que ces enthousiasmes, ces manifestations, ces cris de douleur-là soient sincères, peu importe : le génie de race aime ces sortes d'explosions et l'usage le veut ainsi.

Quant à nous, Français, nous jugerons en Français le roi d'Italie, comme nous jugerions demain l'empereur d'Allemagne, si Dieu le rappelait à lui, comme nous apprécierions le prince de Bismark, le czar de Russie ou la reine de la Grande-Bretagne.

II

Victor-Emmanuel est né à Turin le 14 mars 1820 [1]. Sa mère, Marie-Thérèse de Lorraine, était fille du grand-duc Ferdinand de Toscane.

1. Par suite d'une erreur inexcusable et qui ne saurait être mise que sur le compte de la douleur ou de la légèreté, les importants personnages, M. Crispi en tête, chargés de dresser l'acte mortuaire de Sa Majesté, ont fait naître le roi Victor-Emmanuel à Florence. Les habitants de Turin se sont montrés justement froissés de cette négligence.

L'inscription gravée sur la plaque de cuivre du cercueil a du être modifiée, et une rectification faite dans les formes judiciaires, a été ordonnée, pour rétablir la verité sur les registres d'état civil de la famille royale.

Des lettres de la princesse dépeignent l'enfant vif, turbulent, et très-doux de caractère : « Il « est fort docile, dit l'une d'elles ; cependant il « a quelque difficulté à comprendre, voulant « sans cesse courir et sauter ; lorsqu'il a appris « une chose, il l'oublie difficilement. » La première éducation du prince se fit à Florence, mais c'est à Turin qu'il commença ses études, sous la direction d'un homme de bien, César Saluzzo.

Le roi Charles–Albert, lettré, ami des choses de l'esprit, devina vite les instincts de son fils. Un goût exclusif pour tout ce qui est militaire et pour tous les exercices du corps, dominait chez l'aîné de ses enfants. Le second, duc de Gênes, mort prématurément en 1855, était mieux doué de la nature.

Le prince royal se montra constamment jaloux de son frère cadet. Il lui pardonnait difficilement ses qualités personnelles et surtout cet esprit naturel, cette grâce, ce charme qui faisaient préférer partous le duc de Gênes à son frère. Nous avons connu à Turin plusieurs personnes de l'ancienne cour et des amis du duc de Gênes qui parlaient encore avec attendrissement de ce jeune prince qui fut sincèrement pleuré.

Victor-Emmanuel avait à peine vingt-deux ans en 1842, lorsqu'il épousa Marie-Adélaïde, archiduchesse d'Autriche. On verra plus loin des détails sur cette admirable princesse dont la vie ne fut qu'un martyre, une suite d'amertumes et de douleurs. Le roi Charles-Albert, sévère, dur, presque cruel envers ses enfants, avait pour l'héritier du trône une médiocre tendrese. On a remarqué que les souverains éprouvaient souvent à l'endroit de leur successeur un sentiment invincible de défiance, presque d'antipathie. Celui qui s'éteint ne voit pas sans envie et sans regret briller les rayons de l'astre à l'aurore, et il observe avec déplaisir le cercle d'amis et de courtisans qui se forme peu à peu auprès de celui qui représente l'avenir. De plus, une complète divergence de goûts et de caractère contribuait encore à éloigner le père de son fils aîné.

Lorsqu'au mois de novembre 1847, le roi Charles-Albert octroya à son peuple le statut et le régime constitutionnel, Victor-Emmanuel avait vingt-huit ans. La mort du pape Grégoire XVI et l'élévation du pape Pie IX au pontificat venaient de transformer l'Italie. Ces temps, on se le rappelle, furent pleins d'élans mystérieux , de vagues aspirations vers un avenir inconnu. Le nouveau Pontife lui-même semblait personnifier l'alliance du passé et de l'avenir. Le Piémont, sous le gouvernement de Charles-Albert, ne pouvait manquer de jouer un grand rôle, et la vieille politique ambitieuse et prudente de la maison de Savoie devait nécessairement mettre à profit et chercher à diriger le courant qui entraînait les esprits vers l'indépendance. Le roi, qui avait si habilement organisé sa petite armée était impatient, avec son esprit chevaleresque, de se mesurer contre l'*ennemi héréditaire;* il pénétra en Lombardie. Son fils Victor-Emmanuel, plein de bravoure, fut blessé à Goïto, à la tête de la brigade de Savoie.

Les débuts de la campagne de 1848 avaient donné aux Piémontais des espérances qui ne se réalisèrent pas. Après avoir enlevé rapidement toutes les positions sur l'Adige, le roi, attaqué par des troupes mieux équipées et supérieures en nombre, dut, à la suite de la bataille de San-Donato, évacuer la Lombardie. La campagne de 1849 devait être plus malheureuse encore et les défiances des libéraux ou plutôt des démocrates italiens, qui hésitaient à accepter la direction du roi de Sardaigne, contribuèrent à la défaite.

Enfin, le 23 mars 1849, après la fatale journée de Novare, Charles-Albert, poursuivi par cette sorte de malédiction qui pesa sur lui pendant tout son règne, abdiqua en faveur de son fils Victor-Emmanuel. Retiré à Oporto, en Portugal, il mourait quatre mois après avoir quitté son royaume.

III

Ces lueurs, ces éclairs d'indépendance et de
liberté qui avaient sillonné le ciel italien, sem-
blaient n'avoir laissé aucune trace; tout était
rentré dans l'ombre et dans le calme, après les
jours de révolution triomphante. Le Pape fu-
gitif venait de reprendre possession de ses
Etats ; la France avait un maître et l'Autriche
rassurée espérait, à l'aide d'un vice-roi intelligent et populaire, reconquérir les cœurs dans
son royaume lombard-vénitien.

C'est alors que deux hommes surgirent qui

allaient changer la face des choses, bouleverser l'Europe et rendre à jamais mémorable le règne de Victor-Emmanuel. Sans eux, le roi, à cette heure, vivrait, sans aucun doute, paisible roi de Piémont ; certes, il n'eût jamais, même en rêve, aspiré à de si hautes destinées. Mazzini et Cavour seuls ont fait l'unité de l'Italie, et c'est à eux seuls que Victor-Emmanuel a dû cette lourde couronne placée aujourd'hui sur des épaules plus débiles encore que les siennes.

La participation du Piémont à la guerre entreprise en 1855 contre la Russie fut un trait de génie du comte de Cavour. Combattant auprès des armées alliées de France et d'Angleterre, les troupes du roi de Piémont grandissaient aux yeux de l'Europe. Jusqu'ici, puissance de second et même de troisième ordre, le Piémont allait conquérir un rang important, et après les entretiens de Plombières il fut possible de pressentir l'avenir de l'Italie. Un accord tacite s'établit entre le roi et son ministre. Cavour, politique persévérant, audacieux, esprit absolu, ne reculant devant aucun expédient pour arriver au but, gouvernait de fait, tandis que le souverain régnait de nom en chassant l'isard dans les montagnes de Pigne-rolles.

Cavour, nous l'avons déjà dit ailleurs, pour accomplir les desseins qu'il avait rêvés, utilisa la Révolution et eut l'extrême habileté, le génie de faire agir et manœuvrer deux grands comparses, l'empereur Napoléon III et le parlement piémontais. A l'aide de ces deux alliés, instruments dociles dans sa main et derrière lesquels il savait, à l'heure dite, se retrancher avec une merveilleuse souplesse, l'habile Piémontais parvint à un but dont la grandeur ne saurait être discutée, mais qui ne fut atteint, plus tard, qu'au mépris absolu du droit et du juste. Ainsi ce renom de politique consommé, plein d'habileté et de finesse, de haut Machiavel, dont on se plaît aujourd'hui à couvrir Victor-

Emmanuel, est une pure hyperbole. Le roi n'eut d'autre mérite, et c'en fut un assez grand, que d'écouter son ministre et de suivre aveuglément ses conseils. — Tout, du reste, conspirait avec lui : son père Charles-Albert s'était offert en holocauste ; l'impulsion donnée par Mazzini et la direction imprimée par Cavour, les événements se succédèrent à souhait. L'Italie entière était complice et réclamait hautement son indépendance. Cependant il fallait, pour commencer les hostilités, l'appui d'un plus fort. Au congrès de Paris, en 1856, l'empereur Napoléon III avait promis ; il tint parole. L'unité était faite !

La descente des Français en Italie et la courte et glorieuse campagne de 1859 furent la conséquence naturelle de l'alliance étroite des Français et des Piémontais en Crimée. Pour mieux cimenter cette union, le roi Victor-Emmanuel, de son côté, n'avait pas hésité, un an auparavant, à sacrifier sa fille aînée, la princesse Marie-Clotilde, en accordant sa main au moins populaire des princes de la famille Bonaparte.

Le courage, la valeur militaire de Victor-Emmanuel, ne sauraient être mis en doute; il suffira de dire, qu'au combat de Palestro, en payant de sa personne, il mérita de la part des soldats de France, du 3ᵉ zouaves, le surnom de caporal. — Après la bataille de Magenta, le 4 juin 1859, le fils de Charles-Albert entrait à Milan avec l'empereur Napoléon III. Ces populations, affranchies par nos armées de la domination autrichienne, s'empressèrent d'accepter le joug tant désiré du gouvernement piémontais. Notre victoire de Solférino mit fin à la guerre; mais la paix de Villafranca[1] brisa un

1. On se souvient de la douleur et de l'anéantissement qui accompagnèrent en Italie, la nouvelle de la paix de Villafranca ratifiée par le traité de Zurich. Alors il n'y eut pas de récriminations, d'injures amères, qui ne furent adressées aux Français, pour avoir abandonné leurs alliés, si près du but. — Les Italiens, plus calmes recon-

instant les espérances d'agrandissement du cabinet italien.

La digue était emportée ; le mouvement d'annexion et de fusion, retardé quelque temps, devait nécessairement aboutir ; il s'accomplit de 1859 à 1866. Durant cette période d'incubation et de formation, la seule habileté du roi consista à laisser faire et à accepter les faits accomplis. Peu à peu les provinces et les États des princes italiens se détachèrent pour venir d'eux-mêmes se placer sous l'autorité du roi. Enfin, le 6 février 1861, il était reconnu sous le

naissent aujourd'hui que le seul obstacle qui arrêta la France, fut la Prusse. La Prusse, on ne saurait l'oublier, fit alors des démonstrations hostiles non équivoques. Ce fut seulement dans la crainte d'une guerre européenne qui pouvait compromettre les résultats acquis, c'est-à-dire la conquête de la Lombardie, que l'Empereur plein de prudence s'arrêta. — Il fallait un motif aussi puissant, pour déterminer Napoléon III à suspendre la guerre. L'Italie, si tendre, si obséquieuse aujourd'hui pour la Prusse ne devrait pas oublier ces incidents ?

titre nouveau de roi d'Italie. — Même la mort de Cavour (6 juin 1861) n'arrêta point l'impulsion donnée par le grand ministre. Après Milan, conquis par les armes, Florence, Parme, Modène, le royaume de Naples, la Sicile s'offrirent à Victor-Emmanuel, qui pourrait très-justement être appelé le *Conquérant pacifique*. Nous ne saurions, en effet, mettre sérieusement à l'actif des fastes militaires de l'armée italienne l'héroïque résistance de ses adversaires, les soldats franco-belges de La Moricière, à Castelfidardo en 1851, pas plus que le siége de Gaëte et la reddition de la petite citadelle défendue par la jeune reine de Naples.

Il est à remarquer, en effet que, malgré leur courage personnel et l'excellente organisation de leur armée, les Italiens, si heureux dans les résultats politiques, ne comptent que des défaites sur les champs de bataille. C'est ainsi que la lutte s'étant engagée entre la Prusse et l'Au-

triche, en 1866, le roi Victor-Emmanuel, allié
de la Prusse, tenta en vain, par une diversion,
de conquérir les provinces de la Vénétie. Le
sort des armes, favorable à ses alliés, à lui fut
fatal. Et, cependant les échecs de son armée à

---

1. Cette phrase « *Grande Italie, Grande Allemagne,
Petite France* » que nous avons répétée et souvent écrite
devrait, a-t-on dit, être placée sur le tombeau de l'empereur Napoléon III. En effet, Napoléon III qui avait de
réelles qualités de cœur, aurait pu être un excellent souverain... en Italie. Mais en vérité, pour régner en
France, il avait trop peu souci des intérêts de la France.

Nous comprenons aisément la popularité dont est en-
tourée sa mémoire dans la péninsule. On lui a dressé
une statue à Milan. On pourrait lui en élever dans toutes
les cités italiennes, à Florence, à Rome à Naples, et
à Turin.

Cet engouement de certains Français pour l'unité de
l'Italie demeurera toujours pour nous chose inexplicable.

Un homme dont les convictions républicaines, l'autorité
ne saurait être discutées, Proudhon, a écrit en 1862 une
page admirable de sens politique et de patriotisme que
tout Français devrait méditer. — La voici :

« J'ignore si l'unité italienne se fera ou ne se fera
pas : qui peut ici répondre de rien ? Possible que l'empereur Napoléon, après avoir longtemps résisté aux in-
fluences qui le sollicitent, retire ses soldats de la péninsule, donne Rome à Victor-Emmanuel, l'aide encore à

Custozza et de sa flotte à *Lissa* lui profitèrent autant que les plus glorieuses victoires. L'Autriche céda la Vénétie à la France restée neutre, et cette dernière l'abandonna généreusement au roi Victor-Emmanuel. — .Le très–heureux vaincu fit son entrée à Venise le 7 novembre 1866, trois jours après le décret de l'empereur des Français déclarant la Vénétie annexée au Piémont. — Il faut reconnaître que le roi Victor-Emmanuel conserva pour Napoléon un

conquérir Venise et consomme ainsi, contre la France et contre lui-même, ce qu'il a si malheusement laissé commencer à M. de Cavour et à Garibaldi... alors il sera avéré que la France renonce à toute espèce d'illustration à la prépondérance, ainsi qu'à la liberté, à la gloire et aux principes. — L'unité en Italie est comme la république indivisible de Robespierre, la pierre angulaire du despotisme et de l'exploitation bourgeoise.

« Ce que veut l'Italie, ce qu'elle appelle, ce qu'elle aura, c'est une main de fer qui la flagelle, que cette main soit celle d'un Hapsbourg, d'un Bonaparte, d'un prince de Savoie ou d'un Garibaldi. Hors de là, l'Italie retombe par morceaux aux mains de l'étranger. Les races persistent, mais la nationalité ne revient pas ; je ne crois pas plus à la résurrection de l'Italie que n'y croyait feu Metternich, pas plus que je ne crois à la résurection de la Pologne ou de la Hongrie.

sentiment sincère de reconnaissance : il le savait plus italien que lui !

« Les politiques ont l'air de diriger les forces des nations : or dans l'hypothèse que je discute, et dans l'opinion de toutes les puissances intéressées, la religion est une de ces forces. La religion c'est encore pour l'immense majorité des mortels, le fondement de la morale, la forteresse des consciences. Tout le monde le reconnaît. Je dis donc que ce serait trahison à un chef d'Etat, de livrer une des forces qui lui sont confiées avant d'avoir pourvu à son remplacement. — Or, je suis par position, *catholique*, *clérical* si vous voulez, parceque la France ma patrie, n'a pas encore cessé de l'être et que les Anglais sont anglicans, les Prussiens protestants, les Suisses calvinistes, les Américains unitaires, es Russes grecs ; parce que, tandis que nos missionnaires se font martyriser en Cochinchine, ceux de l'Angleterre, vendent des bibles et autres acticles de commerce ! »

IV

La ville sainte, le siége de la catholicité,
Rome seule demeurait encore indépendante.
Depuis que Turin avait perdu son rang de capi
tale, le siége du gouvernement ayant été trans-
féré (1862) à Florence, les regards et les con-
voitises des Italiens se tournaient vers la ville des
Papes. En 1863, le cabinet italien et le cabinet
français avaient signé cette trop fameuse
convention du 15 septembre qui déclarait hypo-
critement inviolables et placés sous la sauve-
garde du roi Victor-Emmanuel les derniers

débris du patrimoine de Saint-Pierre. Le sort en était jeté ; il fallait obéir, et dût le roi Victor-Emmanuel désirer ardemment ne pas aller plus avant, une conséquence logique exigeait le dépouillement complet de la papauté et la prise de possession de Rome. Les tentatives de l'armée garibaldienne, organisées par le cabinet italien, vinrent honteusement échouer à *Mentana* (1866), et la chute du pouvoir temporel fut, par le fait de la France, momentanément retardée. Bien que la politique française, à l'égard du Vatican, ait manqué trop souvent de franchise et de courage, c'est une consolation pour nous de penser que la suprême violation, la prise de Rome, s'est accomplie le jour seulement où la France agonisait vaincue, désarmée, envahie, et que son armée et son souverain étaient prisonniers de guerre.

L'armée italienne pénétra dans Rome, le 20

septembre 1870, par la brèche de la Porta Pia. Quant au roi Victor-Emmanuel, il ne parut dans sa nouvelle capitale que plusieurs mois après. Élevé religieusement, habitué dès l'enfance à un grand respect pour toutes les pratiques de l'Église, Victor-Emmanuel avait sans doute une foi moins éclairée et une dévotion moins intelligente que celle de son père. Toutefois, il ne cessa jamais de manifester pour la religion et la personne du Pape une vénération mélangée de terreur. Il ne fut un saint pas plus qu'il ne fut un héros, mais pratiquait au suprême degré la foi italienne, qui n'est point exempte de superstition. Aussi redoutait-il les foudres du ciel autant peut-être que celles de l'Église.

Ce ne fut que forcé par les événements et contraint par ses ministres qu'il vint à Rome. Un pressentiment lui faisait craindre une catastrophe, et on nous contait, dernièrement, dans quelles circonstances il avait été amené, la première fois, à franchir le seuil de la ville éternelle.

On se souvient de la terrible inondation du Tibre qui causa, vers 1870, une profonde panique dans la ville de Rome. Une partie des rues était sous l'eau ; le fleuve baignait le Corso et on arrivait en barque au palais Doria ; sur plusieurs points de la ville, le Tibre charriait des cadavres. Devant ces désastres, le gouvernement fit comprendre au souverain que sa présence était indispensable à Rome. Sa Majesté vint, mais une prédiction ayant annoncé que la première nuit qu'il passerait à Rome devait lui être fatale, il prit ses précautions. Les trains de chemin de fer interrompus, il dut faire le trajet moitié en poste, moitié en chemin de fer. Ce fut à 3 heures du matin, dans la nuit du 30 décembre, qu'il débarqua à Rome ; il passa la journée du 31 à visiter la ville et les quartiers les plus pauvres et les plus populeux non sans avoir distribué de nombreuses aumônes ; puis il repartit le soir même à cinq heures, empressé de regagner Turin. Le roi était entré dans Rome, mais n'y avait pas dormi !

Cependant, au risque de déplaire à ses peuples, il fallait bien séjourner parfois dans la nouvelle capitale que l'Italie s'était donnée. Le souverain en prit son parti, mais la première nuit, il demanda l'hospitalité au prince Doria. Ce ne fut qu'après cette épreuve qu'il osa définitivement affronter le Quirinal et Rome, où, du reste, il demeurait le moins possible et toujours malgré lui.

V

Ce rêve grandiose, l'unité de l'Italie, accompli en quelques années, avec une rapidité vertigineuse, sans dangers, sans efforts, sans luttes intestines, sera certainement l'événement le plus étonnant de notre siècle. Cavour disait, en 1860 : « Dieu nous garde d'aller sitôt à « Rome; dans cinquante ans, dans un siècle « peut-être, serons-nous assez forts, assez « unis pour en arriver là! » — Le grand patriote ne comptait pas sur l'étoile de Victor-Emmanuel. En effet, cette œuvre gigantesque

3.

d'unification tient du prodige. On ne retrouve pas dans l'histoire des peuples l'exemple d'un fait aussi considérable que celui-ci. Il a fallu, pour que cette abstraction, l'unité, devînt une réalité, un corps, une telle succession de circonstances favorables, un enchaînement si prodigieux de faits, d'incidents et de causes, que l'esprit de l'homme s'y perd et n'a qu'à s'incliner devant la volonté d'en haut.

Voilà donc pourquoi, instrument inconscient de cette volonté, Victor-Emmanuel, si l'œuvre n'est point anéantie dans une catastrophe, occupera une place à part parmi les souverains, non point les plus extraordinaires, mais les plus heureux de ce monde.

A la mort de Charles-Albert, quelles étaient les aspirations de son fils, quel était le *summum* des espérances des libéraux italiens? L'étranger chassé, la Lombardie libre. Ces humbles et légitimes désirs ne tardèrent point à être exaucés, et la France se chargea en 1859 de rendre *l'Italie aux Italiens*. C'est alors que, par un entraînement difficile à expliquer, les peuples d'Italie se ruèrent à l'envi vers la domination piémontaise, attirés comme pas une force irrésistible. Voilà la Toscane, l'État modèle, autonome, prospère, admirablement gouverné, qui inaugure la série en chassant ses princes, pour se donner au Piémont. Modène, Parme, suivent bientôt l'exemple.

Pendant ce temps, Naples est soulevé par la Révolution ; toutefois ces effervescences populaires n'eussent pas suffi à détrôner la dynastie des Bourbons, si, mettant à profit son vieux levain d'indépendance et de haine séculaire contre Naples, Garibaldi n'avait pas commencé à détacher la Sicile aux cris de « Vive la République. »

En un clin d'œil Victor-Emmanuel est improvisé roi de Naples sans s'en douter. Puis se succèdent les Romagnes avec Bologne, la vieille et rude cité du moyen âge qui réclame le joug du *galantuomo*.

Cette fois, une lutte s'engage; le Pape, souverain dépossédé, ose résister. Or, le roi d'Italie, ce jour-là, dut se voiler la face, car ses lieutenants, firent mince, douloureuse et coupable besogne.

En effet, Castelfidardo n'est point précisément une gloire! Il est vrai que les lauriers de Garibaldi et de ses Mille, les farouches conquérants de places ouvertes, empêchaient de dormir les généraux italiens. Voilà donc Bologne la républicaine, changeant de souverain, enrégimentée sous la bannière de la maison de Savoie.

Restait Venise en pleurs sous ses longs voiles de deuil. Cette fois, l'Italie veut agir d'elle-même, *fare da se*. La nouvelle armée italienne reconstituée avec les éléments des provinces annexées, brûle de faire ses preuves. Hélas! elle est battue, et cependant là où on découvre bien l'heureuse étoile du roi prédestiné, c'est encore à la France que le royaume italien devra la perle de l'Adriatique, en attendant que cette même France, isolée et défaite, ouvre à l'Italie les portes de Rome.

Tout a concouru étrangement à la grande unité. Ici, c'est l'explosion de l'indépendance, du vrai patriotisme ; là, le mécontentement ou le caprice irréfléchi, les fautes ou la faiblesse des princes ; là, le ferment révolutionnaire, les aspirations républicaines.

Tout sert pour arriver au but. Jamais agents plus variés, forces plus disparates n'ont, avec autant de promptitude, de facilité et de bon sens, amené un aussi considérable résultat.

Voilà l'Italie faite en moins de quatre ans, sans effort, sans secousse et sans blessure. Heureux pays, heureux roi ! En vérité, on dirait qu'une fée bienfaisante a présidé à la naissance et du prince et du royaume. — L'échafaudage est-il solide? Quel qu'il soit, de marbre ou de plâtre, le palais existe, il est debout. Les Italiens, qu'aucune épreuve n'a encore atteints, ne doutent pas de l'éternité, de la solidité de leur œuvre. D'autres ont une confiance moindre.

Les fleurs hâtives meurent vite. La patience est l'âme des choses durables.

VI

La mort a saisi le roi en pleine vie, le 9 janvier 1878. Trois jours auparavant, il avait
reçu la visite de M. Gambetta, chef du Parlement français, et le soir même où Sa Majesté
tomba malade, le président du conseil des ministres, M. Depretis, en prévision d'une absence
prolongée du roi, avait fait signer en blanc à
son souverain un décret réglant les funérailles
et le deuil après la mort du Pape Pie IX. Cette
coïncidence a vivement frappé les Italiens qui,
non sans quelque raison, découvrent partout le

doigt de Dieu dans les affaires humaines. Avant de mourir, Victor-Emmanuel s'est réconcilié avec l'Église ; il a reçu les Sacrements en présence de ses fils et de ses ministres. Il est mort en roi, plein de fermeté et de résignation, non sans avoir demandé au grand juge le pardon de ses fautes et après avoir fait ses adieux aux vivants.

Nous trouvons dans une lettre datée de Rome des détails circonstanciés et très véridiques sur les derniers instants du roi. Nous la reproduisons d'autant plus volontiers, que le rôle du Saint-Père y est très fidèlement retracé.

« La veille, samedi 5, Victor-Emmanuel était allé à l'Apollo, assister au ballet, le seul divertissement qu'il appréciât au théâtre. Rentré au Quirinal, il fut agité toute la nuit, et, avant l'aube, il sortit avec un de ses aides de camp pour entendre la messe à l'église voisine (Saint-Sylvestre). Vers midi, se sentant mal, il se retira dans sa chambre, ordonnant qu'on l'éveillât à deux heures. Il comptait faire une promenade en voiture avec le comte Castellengo, rentrer, s'habiller, assister au dîner de gala offert au corps diplomatique, et prendre à onze heures un train express qui le conduirait à Turin. Il avait la plus grande hâte de se rendre auprès de sa femme morganatique, la comtesse Rosine Mirafiori, gravement malade dans sa villa de la Mandria, en Piémont. Mais son médecin ordinaire, le docteur Saglione, le trouva en proie à la fièvre, atteint d'une pleurésie, et comprit tout de suite la gravité du mal.

« Le soir même, Pie IX savait tous ces détails. Il y a cette différence entre le Vatican et le Quirinal : au Vatican, on n'ignore rien du Quirinal, et l'on ne trahit jamais les confidences reçues : ce qui est le plus sûr moyen d'être informé. Au Quirinal, on ne connaît guère que les faits de l'antichambre du Vatican, et on les livre à la presse, qui les commente et les altère. Le Quirinal paie des espions. Le Vatican reçoit gratuitement des avis.

« Le lundi matin 7, le Pape fit appeler le curé des palais apostoliques, son sacriste, Mgr Francesco Marinelli, évêque de Porphyre *in partibus*.

« — Prenez une voiture, monseigneur, et allez au Quirinal. Vous vous présenterez de ma part et en mon nom, et vous demanderez à parler au roi Victor-Emmanuel. Je vous donne le pouvoir plein et entier de le relever de toutes les censures. »

« Le prélat sembla un instant interdit, et le Pape crut devoir lui répéter son ordre.

« Bientôt Mgr Marinelli revint; on l'avait éconduit. Les ministres, les aides de camp, étaient là. Impossible d'aborder le roi.

« Le Pape eut un mouvement d'indignation et de tendresse sublime.

« — Ah ! les malheureux ! Ils voudraient arrêter le pardon de Dieu ! Et ce pauvre roi coupable n'est pas plus libre sur son lit de mort

que sur le trône. Eh bien ! si je regrette de ne
pouvoir traverser les rues de ma ville de Rome,
c'est à cette heure. Je voudrais avoir la force
de me lever. J'irais, moi, au Quirinal, et il
faudrait bien qu'on me laissât entrer. »

« L'âme du vieux pontife était toute dans ce
mouvement de charité apostolique.

« Mais Pie IX comprit que toute démarche
directe serait désormais inutile. On devait re-
douter qu'un envoyé du Saint-Siége obtînt du
roi une rétractation écrite, qui, rendue pu-
blique, produirait un effet considérable. Il n'y
avait plus qu'à s'adresser au chapelain du roi,
le chanoine Anzino, lui conférer tous les pouvoirs, et attendre que les ministres, les aides
de camp et les médecins estimassent le moment venu de permettre une cérémonie reli-
gieuse qui n'aurait plus aucun danger pour les
calculs de la politique, et qui satisferait en même
temps la piété des peuples d'Italie.

« Sur l'invitation du Pape, l'évêque de Porphyre se rendit chez le chanoine Anzino, et

lui transmit les instructions nécessaires et les conditions auxquelles il pourrait absoudre Victor-Emmanuel.

« Le mercredi 9, à midi, pendant que l'on administrait le Viatique au roi, Pie IX, entouré des cardinaux, parlait du sujet qui emplissait son cœur, et s'écriait :

« — Ah ! si la bonne princesse Clotilde était arrivée à temps, elle aurait pu agir sur l'âme de son pauvre père, pour lequel elle a déjà eu le courage de se sacrifier ! »

On croit que, malgré l'évidence de l'issue prochaine et fatale de la maladie de Victor-Emmanuel, on a agi de façon à ce qu'aucun des membres de la famille royale ne pût trouver le roi encore vivant. Le fait est qu'ils se sont tous mis en route sans perdre une minute, et que la dépêche a surpris à Bologne le plus pressé d'entre eux, Amédée, duc d'Aoste.

VI

Dans ce siècle, Victor-Emmanuel II occupera une place à part. Ce ne fut pas un grand roi; mais aucun souverain, peut-être, n'aura, sans le mériter, été plus populaire. Il avait moins les qualités que les défauts de sa race. Sa supériorité ne portait ombrage à personne. Gai, bon vivant, généreux, d'humeur douce, ses passions furent la chasse, la guerre et les amours faciles. Doué de cette finesse inhérente à tout Italien, il avait bien compris les hommes de son temps. Voilà pourquoi ceux-ci lui tressent

4.

d'innombrables couronnes et lui élèveront de gigantesques statues.

Son fidèle petit royaume de Piémont, berceau de sa maison, Turin, sa bonne ville natale, revendiquaient ses cendres et voulaient que Victor-Emmanuel II reposât auprès de ses aïeux sur la colline de la Superga. Le parti unitaire et libéral a assigné au roi de Rome le Panthéon comme tombeau.

Son successeur Humbert Ier (pourquoi pas, selon l'histoire, Humbert IV?), respectueux de la volonté paternelle et désireux de satisfaire le vœu des Piémontais, était d'un avis différent. — Mais son avis n'a pas prévalu. Le ministre sicilien Crispi a reçu fort impoliment la députation de la municipalité turinoise, et a répondu que le roi appartenait à l'Italie, et par conséquent à Rome. Pauvre roi! Roi esclave, même encore après sa mort, il a dû faire acte d'obéissance et de soumission à la constitution et à ses ministres. Cette question est grave et peut engager l'avenir. L'Italien du Nord oublie difficilement et ne pardonne pas les injures. Que réserve l'avenir ?

Il y a trois mois à peine, Victor-Emmanuel venu à Turin, alla visiter des travaux qui se faisaient à la Superga, et, désignant à des ouvriers une place auprès du tombeau du roi Charles-Albert : « C'est là que je serai un jour, mes amis. »

L'intention de Victor-Emmanuel de reposer auprès des siens était donc manifeste.

Il ne cessa toute sa vie, d'avoir pour le Piémont et la ville de Turin une prédilection particulière. Nous avons reproduit, il y a quelques années, un mot de Sa Majesté qui démontre jusqu'à quel point il comptait sur le dévouement et l'affection de ses premiers sujets, de ses vrais compatriotes.

En 1862, au moment où le roi nouvellement installé à Florence, première étape de capitales, venait d'abandonner sa bonne et vieille cité de Turin, le duc de Bassano se trouvait à Florence. Le grand Chambellan de Napoléon III rendit visite au roi débarqué depuis peu de jours au palais Pitti. Le souverain triste, préoccupé, ne se gêna point pour faire connaître le motif de sa mauvaise humeur au voyageur français : « Je me trouve mal à l'aise ici, dit-il, « tout me déplaît. D'abord ces appartements « habités jadis par le grand-duc, mon cousin ; « aussi je ne veux pas y coucher. Puis, vous le « dirai-je, mon cher duc, je sens que je ne « saurais m'habituer aux Florentins, pas plus « qu'ils ne s'habitueront à moi. Ce rôle par « moments m'excède ; je regrette sincèrement « mon Turin, la Mandria ; mes bons Piémon- « tais, au milieu desquels j'ai été élevé, j'ai « grandi. Je suis roi d'Italie, c'est vrai, au- « jourd'hui, roi d'un grand peuple ; mais qui ré- « pond de l'avenir ? En tout cas, je demeure avant « tout prince de Piémont, roi de Sardaigne, et, « quoi qu'il advienne, je suis bien certain de « mourir roi de mes vieilles provinces. »

Chaque fois que le roi rentrait à Turin, il se sentait chez lui. Tous les habitants le connaissaient et le saluaient avec bonheur. Chaque rue, chaque coin de la ville, lui étaient familiers et lui rappelaient un souvenir. Le duc d'Aoste, qui habitait constamment Turin, avait hérité de la popularité de son père. Aussi est-ce avec une profonde tristesse que les Turinois ont appris que le nouveau roi Humbert venait de décider que son frère Amédée, l'ex-roi d'Espagne, quitterait la vieille cité piémontaise pour prendre un commandement à Naples ou à Rome. La présence à Turin du jeune prince, du fils de Victor-Emmanuel, était pour les Piémontais le dernier lien qui les rattachait à la maison de Savoie, le dernier souvenir qui leur rappelait leur grandeur déchue, le vieux prestige de l'ancienne capitale.

VII

Ayant eu l'heureuse fortune de séjourner trois années à Turin de 1859 à 1862, et d'assister, humble témoin, aux grands événements qui s'accomplirent alors, nous avons pu mieux que personne étudier la physionomie du roi, grâce à nos relations continuelles avec les personnes qui l'approchaient chaque jour.

Voici le portrait que nous tracions de Victor-Emmanuel en 1860. Le livre dans lequel parurent les pages que l'on va lire, fut publié en

1871 (1). Le roi, qui se trouvait à Rome, en eut connaissance. Or, les jugements un peu trop sincères peut-être, échappés à notre plume, ayant paru offensants à des officiers de la maison de Sa Majesté, ces derniers projetèrent de venir à Paris en demander raison à leur auteur. Victor-Emmanuel, averti, manda ces officiers. « De quoi vous mêlez-vous, Messieurs ? Je vous « sais gré du motif qui vous fait agir, mais je « n'ai besoin de personne, moi, pour venger « mes offenses. D'ailleurs, qu'a dit M. d'Ide- « ville ? que j'étais chasseur, courageux et ga- « lant. Est-ce ma faute s'il préfère le comte de « Cavour au roi ? Ses opinions sont libres, et il « n'est pas Italien ! »

« Turin, juillet 1862.

« Victor-Emmanuel a quarante et un ans : sa taille est au-dessus de la moyenne, mais son

1. *Journal d'un diplomate en Italie.* Turin 1859-1862. Notes intimes pour servir à l'histoire du second empire (Hachette et Cie).

embonpoint le rend disgracieux, surtout lorsqu'il n'est pas en uniforme. Il porte la tête
droite ; ses traits sont loin d'être réguliers,
cependant toute sa physionomie est remarqua-
ble : de très-longues moustaches, des yeux bleus
à fleur de tête, un nez retroussé donnent à sa
figure un caractère particulier d'audace et de
résolution.

« L'an dernier, à un dîner chez sir James
Hudson, ministre d'Angleterre, je me trouvais
placé auprès de Marochetti, et causais avec lui
de la statue du roi Charles-Albert, que le grand
sculpteur achevait en ce moment pour la ville
de Turin.

« Cette statue est terminée, me disait-il, mais
« je ne suis pas entièrement satisfait de mon
« œuvre. Le roi défunt était grand, sec, maigre,
« sans grâce, ses traits n'avaient rien d'ac-
« cusé. Pour arriver à la ressemblance, j'ai
« dû surmonter de grandes difficultés. Combien
« j'eusse préféré exécuter la statue du roi Vic-
« tor-Emmanuel ! Certes il n'est pas beau,

5.

« notre souverain ; mais, d'après lui, on pour-
« rait faire une œuvre saisissante, originale ;
« il a je ne' sais quoi de sauvage, de pittores-
« que, qui ne manque pas de grandeur et rap-
« pelle un roi hun, un chef barbare. Il est bien
« à cheval et je suis certain qu'en tirant parti
« de cet ensemble, on arriverait à une statue
« intéressante »

« Dans le caractère et les habitudes du roi,
on retrouve la rudesse de son extérieur. Il hait
le monde, la représentation, toutes les récep-
tions de cour ; il aime peu à se montrer au
public, et dans cette sauvagerie, il entre plus
de timidité que d'orgueil. La popularité immense dont il jouit dans les anciennes provinces du Piémont, tient plutôt au sentiment
monarchique inhérent à ces populations qu'aux
qualités personnelles du roi. Là, il est aimé
et populaire comme l'était jadis, parmi nous,
notre Henri IV, dont il est loin d'avoir le cœur

et l'esprit. Les événements et surtout le génie de son premier ministre l'ont élevé à la position qu'il occupe en ce moment en Italie et en Europe. Si jamais son nom est grand dans l'histoire, son unique mérite, sa seule gloire, aura été « d'avoir laissé faire « l'Italie. »

« Il serait injuste, cependant, de le représenter comme un souverain nul. Il a cette grande finesse inhérente à la race italienne, et ne manque pas d'esprit naturel. J'ai eu occasion de voir plusieurs lettres écrites par lui à une femme célèbre, Mme X..., et j'ai été surpris d'y trouver une tendresse et une délicatesse de sentiments que j'étais loin de soupçonner. Sa qualité dominante est le courage poussé jusqu'à la témérité. Bien que le roi Charles-Albert, son père, l'ait élevé avec une sévérité presque cruelle, son éducation a été négligée : il est paresseux et peu instruit; s'occuper des affaires publiques, présider le conseil, prendre des décisions, sont pour lui autant de supplices. Aussi le comte de Cavour lui épargne-t-il, le plus souvent qu'il le peut, ce genre d'occupations. Le roi sent la supériorité de son premier ministre, mais il ne la lui a jamais pardonnée : il le subit en le haïssant du fond du cœur.

« Comme tous les hommes médiocres, il est jaloux et ombrageux. Aussi lui sera-t-il difficile d'oublier son entrée triomphale à Naples, lorsque, assis dans la voiture de Garibaldi, revêtu de la chemise rouge, il était présenté à son nouveau peuple par le plus puissant de ses sujets. C'est donc à tort que l'on attribue à Victor-Emmanuel un vif penchant pour Garibaldi. Soldats tous deux, ils ont sans doute dans le caractère et les goûts quelques points de contact qui leur ont permis, à certains moments, de s'entendre et de se réunir ; mais la familiarité républicaine et souvent protectrice du héros déplaît fort au descendant de la maison de Savoie. A quel souverain, d'ailleurs, placé dans les mêmes conditions, le prestige fabuleux du nom de Garibaldi, n'aurait-il pas porté ombrage ? Du reste, la franchise avec laquelle le roi s'est exprimé à son sujet dans certaines circonstances, donne la mesure vraie de son appréciation de l'homme et de ses sentiments pour lui. C'était au mois de juin 1860; Garibaldi venait de débarquer en Sicile, et on ignorait encore à Turin les résultats de son aventureuse expédition. Le ministre de France, le baron de Talleyrand, fut alors chargé de présenter au cabinet de Turin une note dans laquelle le gouvernement de l'empereur, se plaignant amèrement de cette nouvelle violation du droit des gens, constatait qu'il n'était pas dupe de l'accord existant entre le cabinet sarde et Garibaldi. Après une explication franche avec le comte de Cavour, M. de Talleyrand demanda à voir le roi : en sortant de l'audience du souverain, le ministre de France demeura convaincu que Sa Majesté était beaucoup moins satisfaite qu'on le supposait de la tentative du héros. « Mon Dieu, avait-il dit à

« M. de Talleyrand, ce serait sans doute un
« grand malheur; mais, si les croisièresnapo-
« litaines pendaient mon pauvre Garibaldi, il
« se serait attiré lui-même ce triste sort. Les
« choses seraient très simplifiées. Quel beau
« monument nous lui ferions élever ! »

« A coup sûr, ce jour-là, le roi se fût facilement consolé de la mort du capitaine des Mille. L'audacieuse tentative réussit, grâce à la valeur et au prestige de Garibaldi, puissamment aidé par la trahison napolitaine. Naples se donna à Garibaldi, et Garibaldi offrit au roi sa conquête. Mais, pour quiconque a suivi de près, à Turin, les événements, il demeure évident que, loin de provoquer et d'avoir organisé l'invasion des Deux-Siciles, Cavour a tenté tout au moins, dès le principe, de s'y opposer. Ce ne fut que lorsqu'il eut compris qu'il lui serait impossible d'arrêter l'entreprise, débordé comme il l'était par le parti d'action garibaldien, qu'il se tint à l'écart, tolérant tout alors et prêt à profiter, comme il le fit, d'une

conquête qui lui semblait, à juste titre, dangereuse et prématurée.

« Sans crainte d'être contredit, on peut
affirmer que Sa Majesté sarde est fanfaronne,
peu amie de la vérité et, de plus, fort indis-
crète. A toute occasion, Victor-Emmanuel parle
de ses vingt blessures et fait volontiers le récit
fabuleux des dangers qu'il a courus, soit à la
guerre, soit à la chasse. Chacun sait, cependant, que, tout en étant courageux et même té-
méraire, le roi de Sardaigne a été rarement
atteint.

« Quant à ses bonnes fortunes, il s'en expli-
que avec une franchise et un sans-façon qui
n'ont rien du *galantuomo*. Ce qui est plus singulier, c'est qu'il confond parfois les succès
qu'il a eus avec ceux qu'il aurait voulu avoir.
A l'entendre également, c'est lui seul qui dirige

les affaires de l'État; il succombe chaque jour sous le poids du travail.

« Le roi affecte dans sa mise une simplicité et un sans-gêne complets. Sobre, ne mangeant qu'une fois par jour, mais abondamment, il préfère les mets grossiers et populaires. Lorsqu'il est contraint d'assister à **un** grand dîner officiel, à un repas à la cour, il ne déplie même pas sa serviette, ne touche à aucun plat; les mains appuyées sur le pommeau de son sabre, il examine ses convives, sans chercher à dissimuler son impatience et son ennui.

« Il aime passionnément les chevaux, la chasse et les exercices du corps. Souvent, vers la fin de l'automne et même pendant l'hiver, il part seul, avec deux aides de camp, pour chasser le chamois dans les montagnes. Ces déplacements durent souvent plusieurs jours, quelquefois des semaines. Là, vêtu d'une blouse de chasse, sa carabine à la main, il court à travers les rochers, suivi des paysans chasseurs les plus intrépides; il couche souvent à la belle étoile, mange dans une chaumière ce qu'il y trouve, et revient à Turin, après ces excursions, dispos et alerte, tandis que ses infortunés officiers arrivent presque toujours malades ou exténués. Je me souviens qu'un jour le comte de Cavour, forcé de communiquer, sans délai, au roi une lettre de l'empereur Napoléon, lui dépêcha sur-le-champ un officier d'ordonnance. Après avoir longtemps cherché, l'émissaire finit par découvrir son souverain au fond des montagnes de Pignerol, sur la frontière de France, établi dans une méchante cabane. Inutile d'ajouter que le porteur de la lettre, en ce moment trouble-fête de Sa Majesté, fut très mal accueilli. Cependant, tout en maugréant, le chasseur-roi prit le chemin de sa capitale. »

IX

Turin, septembre 1867.

« Victor-Emmanuel habite rarement son palais de Turin ; il n'y vient que les jours où se réunit le conseil des ministres, et l'hiver, lorsqu'il va au théâtre. Sa résidence est la Mandria[1], rendez-vous de chasse situé au milieu

[1] Peu de personnes, à Turin, ont été admises à visiter *la Mandria*. Nous avons cependant sur l'habitation royale de curieux détails.

Distant d'une lieue de Turin et situé au pied des Alpes, le domaine de *la Mandria* se compose de 5.000 hectares environ, entourés de murs.

des bois, à trois quarts d'heure de Turin. Afin d'y être à l'abri des importuns et des regards indiscrets, le roi a fait entourer de murs les vastes bois et toutes les terres qui dépendent de cette propriété royale. On prétend que cette dé-

Il renferme des bois, des prés et des champs d'assez mauvaise qualité, mais cela importait peu au roi qui, en agriculture comme en politique, était infiniment moins fort que le comte de Cavour. *La Mandria*, vrai caprice de souverain, est un rendez-vous de chasse, un *buen-retiro*, une ferme, un haras, tout ce qu'on voudra.

Une petite avenue conduit à la grille d'entrée. Le premier aspect est celui d'une vaste cour de ferme : des abreuvoirs, du fumier, des chariots. La maison est un carré long, élevée d'un seul étage. — Le rez-de-chaussée est entièrement occupé par de vastes écuries, des remises, des chenils, des étables. — Un escalier de bois assez étroit, conduit au premier étage. — Un vaste vestibule, garni de bois de cerfs, de panoplies, de bancs de bois, donne accès sur les appartements qui n'ont rien de luxueux, ni de royaux. — Des chambres meublées avec une simplicité rustique, dont nos châtelains de France rougiraient, ont servi pendant trente ans à abriter les amours et les loisirs du roi le mieux né d'Europe. — Des rideaux de perse, de vieux tapis usés, des meubles fanés, voilà le mobilier de la chambre de Sa Majesté. — Une forte odeur de tabac est imprégnée aux murs sans parler d'un

pense de maçonnerie non terminée s'est élevée déjà à un demi-million. Le roi rentre toujours avec plaisir à la Mandria, heureux d'y secouer le joug de l'étiquette et d'y vivre à sa guise. Personne n'est admis dans cette habitation, personne ne peut la visiter. La Mandria est le sanctuaire de Rosine et de ses enfants.

parfum d'écurie. Quoi d'étonnant ? Le roi couchait au-dessus de ses vieux serviteurs, s'endormant au bruit des chevaux heurtant et mordant leurs mangeoires. — En fait d'objets d'art, absolument rien. — Quelques travaux de tapisseries, encadrés aux murs, de petits dessins, œuvres des enfants de la comtesse Rosine, des photographies, voilà tout le luxe du gentilhomme-chasseur. — Au milieu de cette simplicité rustique rien de plus bizarre que le salon de la *Mandria* — Là, un goût plus que douteux avait présidé à la décoration de cette grande salle, éclatante de dorures au plafond, aux angles, sur les côtés, une vraie salle de café de Marseille. Levé avec le soleil, Victor-Emmanuel, vêtu de sa veste grise, allait visiter les écuries, les étables et tous les animaux parqués autour de l'habitation. C'était son grand luxe que ces troupeaux innombrables de daims, de cerfs, de chevaux en liberté, mêlés à des animaux étrangers, sans compter les autruches, les gazelles, les kangourous. — Le roi ne venait jamais à la *Mandria* qu'avec un ou deux officiers intimes.

6

« Si l'amour n'est pas la passion dominante de Victor-Emmanuel, il faut cependant avouer que le roi a pour les plaisirs faciles un goût prononcé. « Nul souverain, dit-on, à Turin, « n'a réussi mieux que lui à devenir le père de « ses sujets. » Il a eu cinq enfants de la défunte reine et trois de sa maîtresse favorite.

« La reine Adélaïde, archiduchesse d'Autriche, était une véritable sainte. Son nom et sa mémoire sont vénérés dans tout le Piémont. Le roi lui-même, bien qu'égoïste, dur et brusque, avait pour son épouse un respect qui ne s'est jamais démenti. Il est vrai d'ajouter, toutefois, que les sentiments que lui inspiraient les vertus aimables de la reine, sa douceur, sa résignation, n'empêchaient pas le royal époux d'accorder à d'autres femmes des gages de sa tendresse.

« Ses relations avec Rosine existaient déjà du vivant de la reine. Rosine était la fille de l'un des gardes du palais, sorte de compagnie qui a de l'analogie avec les trabans d'Autriche et les cent-gardes de France. Elle avait seize ans, était belle et fort sage, lorsque le roi la remarqua. Suffisamment adroite et intelligente, elle sut, dès le début, captiver Victor-Emmanuel. Parmi toutes ses maîtresses, c'est la seule qui ait jamais réussi à prendre sur lui une véritable influence.

« Le père reçut, peu de temps après le départ de sa fille de la maison paternelle, un brevet de capitaine et, depuis ce jour, la jeune Piémontaise fut comblée des faveurs royales.

« Le château de Stupinigi servait alors, pendant l'été, de résidence à la famille royale, et la reine venait s'établir avec ses enfants dans cette charmante demeure, dès que les chaleurs de Turin devenaient insupportables. A Stupinigi, pas plus qu'à Turin, la reine n'était garantie contre les infidélités du roi. Celui-ci, sans aucun ménagement et sans scrupule, avait établi sa maîtresse Rosine à l'extrémité du parc, dans un pavillon où il faisait de fréquentes visites à sa seconde famille. On m'a raconté que, dans une de ses promenades au milieu des bois, la reine rencontra un jour un des enfants de Rosine. Elle s'arrêta pour le questionner, puis l'embrassa en silence, sans chercher à dérober ses larmes! Jamais un reproche, jamais une plainte amère ne s'échappa de l'âme de cette charmante et pieuse créature, qui mourut à trente et un ans, après avoir été cinq fois mère, victime résignée de son amour conjugal.

« La reine morte (janvier 1855), le roi reconnut et légitima les enfants de Rosine, et leur mère reçut, avec une donation, le titre de Miriafiori. C'est le nom d'une ferme royale située près de Turin. Aujourd'hui encore, et malgré de nombreuses infidélités qu'il ne prend pas la peine de dissimuler, Victor-Emmanuel est toujours sous le charme de la favorite. C'est une femme d'un esprit peu cultivé ; le roi la redoute, mais ne cherche pas à se dérober à l'ascendant qu'elle exerce sur lui. Le comte de Cavour essaya, en vain, à plusieurs reprises de faire rompre cette chaîne. A une certaine époque, le roi ayant manifesté le désir d'épouser secrètement sa maîtresse, il en résulta entre le faux Henri IV et son Sully une explication très vive et fort orageuse, à la suite de laquelle le crédit du ministre faillit être ébranlé! Le roi, toutefois, abandonna pour le moment son projet, sauf à le reprendre plus tard.

« Il est aisé, du reste, de s'expliquer l'empire que cette femme a pris sur le roi, esprit facile à dominer. Auprès d'elle, en effet, lui qui, par-dessus tout, hait l'étiquette et la gêne, trouve une entière satisfaction à ses goûts d'indépendance et de laisser-aller. Aussi rentre-t-il toujours avec joie dans cet intérieur, où il est bien le maître; et quoi qu'on fasse, nulle considération politique ne parviendra à lui faire abandonner ses chères habitudes.

6.

D'autre part, les enfants nés de cette union, et pour lesquels le roi affecte une grande tendresse, sont devenus entre lui et sa maîtresse un lien sacré ; il est, en effet, certain que, dans le désir de légitimer son union, il entrait chez lui, roi très-superstitieux, comme on le sait, des scrupules religieux, qui le croirait? des remords de conscience.

« La comtesse de Mirafiori, ou, pour mieux dire, Rosine, comme chacun la nomme en Piémont, habite constamment Turin ou la Mandria ; elle sort rarement de l'ancien royaume ; cependant, lors de son premier voyage dans les provinces méridionales, le roi la fit venir à Naples. A Turin, elle a un petit cercle composé d'avocats et de quelques officiers. Elle fréquente les petits théâtres, et je l'y ai rencontrée plusieurs fois.

« C'est une femme belle encore, mais sans grâce et de tournure provinciale. La dernière fois que je la vis, c'était au théâtre Alfieri, elle portait un chapeau rehaussé de plumes; sa poitrine était couverte de diamants; impossible d'être vêtue avec un mauvais goût plus complet. On la dit charitable et inoffensive. Le bon peuple de Turin, indulgent pour son roi jusque dans ses écarts, respecte, ou du moins, feint de respecter la favorite; celle-ci, de son côté, fort modeste, évite d'étaler, ailleurs que dans les avant-scènes des petits théâtres, sa grandeur et son faste. Toute autre femme, d'une intelligence supérieure, ou d'une classe plus élevée, eût certainement joué un grand rôle et mis à profit les faiblesses du souverain; mais la comtesse de Mirafiori s'occupe fort peu des destinées de l'Italie. Sauf Rattazzi qui, du vivant de Cavour, s'est lié avec Rosine, personne ne la voit à Turin et ne la traite en maîtresse royale. C'est même grâce à cette intimité que Rattazzi est parvenu à conserver l'amitié du roi, au moment où le comte de Cavour était le plus puissant et le plus écouté.

« Le roi n'a pas d'ami particulier. Il est sincèrement égoïste, sacrifie ses serviteurs les plus
intimes, les plus dévoués, sur un caprice, sur
une dénonciation. Pendant son séjour à Turin,
le général X..., pour lequel il semblait avoir
une confiance et une affection sérieuses, fut
disgracié à la suite d'une intrigue de cour. Il
n'est pas plus constant dans ses amitiés que
fidèle dans ses amours.

« Le roi Victor-Emmanuel a pour les enfants
de la comtesse de Mirafiori une vive affection,
autant du moins que sa nature lui permet
d'éprouver un sentiment de tendresse. Il est surtout fier de leur robuste santé et de leur bonne
mine. A ce propos, il disait à un diplomate reçu
par hasard à la Mandria, M. Tourte, ministre
de Suisse : « Voyez, mon cher, quel beau sang!
« Quelle vigueur! Voilà ce que produit l'al-
« liance avec une fille du peuple, tandis que les
« enfants que m'a donnés l'archiduchesse

« d'Autriche sont loin, hélas ! d'être aussi vi-

« goureux[1]. »

La tendresse du roi pour ses enfants légitimes

« Le roi Victor-Emmanuel a épousé morganatiquement, la comtesse de Mirafiori, il y a six ans, à la suite d'une maladie dangereuse qu'il fit à cette époque. Leur fils Emmanuel de Mirafiori, officier dans l'armée italienne, s'est marié, en juillet 1874, à Florence, avec Blanche de Larderel, fille du comte de Larderel, Français établi depuis le commencement du siècle en Toscane. Le Roi témoignait à sa famille morganatique une tendresse sans limites, tendresse dont le prince Humbert se montrait assez justement froissé. L'influence de la comtesse Mirafiori grandissait chaque jour. MM. Nicotéra et Crispi en avaient fait leur alliée. Nous avons entendu affirmer par des Italiens fort bien informés, que, si le roi eût vécu, l'épouse morganatique serait parvenue à obtenir de Victor-Emmanuel le titre de Reine. La fortune de la comtesse Mirafiori est très considérable ; elle et son fils obtenaient du Roi tout ce qu'ils désiraient.

Le dévouement et l'attachement de l'ancienne maîtresse pour son souverain étaient, il est vrai, sans bornes.

Victor-Emmanuel, on peut le dire, ne connut point d'autre affection dans sa vie. Triste, fatigué ou malade, c'est toujours auprès de Rosine qu'il venait se réfugier, et cette union étroite et presque maternelle, depuis surtout qu'elle avait été légitimée par l'Église, avait je ne sais quoi de touchant et de respectable.

est très-modérée. Après la mort de la reine, ses deux filles, les princesses Clotilde et Pie, l'une depuis princesse Napoléon, l'autre reine de Portugal, furent confinées dans une aile écartée du palais, sous la surveillance de la vieille marquise de Villamarina. Les trois fils du roi, Humbert, Amédée, Odon, habitèrent le château de Moncalieri, situé à deux kilomètres de Turin. C'est là qu'ils furent élevés et que s'écoula toute leur enfance. Le dimanche de chaque semaine, les frères venaient à Turin passer la journée auprès de leurs sœurs. Quant au roi, il indiquait, à sa convenance, le moment où on devait lui amener ses enfants. »

« J'eus occasion, en visitant le palais de Montcalieri, d'être présenté aux jeunes princes, l'année qui précéda la majorité du prince Humbert. Un de mes amis, le marquis de Tri-vulzio, de Milan, alors attaché auprès d'eux comme officier d'ordonnance, me donna sur l'éducation et le genre de vie des enfants du roi de curieux détails. Victor-Emmanuel avait voulu que ses enfants fussent élevés comme il l'avait été été lui-même, c'est-à-dire avec une sévérité militaire qui approchait de la dureté. Ils se levaient en toute saison avant cinq heures, assistaient à la messe et employaient leur journée à des leçons et à des exercices de tout genre. Les deux aînés sortaient quelquefois à cheval, mais il leur était interdit d'aller à Turin ou de s'éloigner avec leurs officiers d'ordonnance, d'une certaine distance de Moncalieri. Le plus jeune des enfants royaux, le prince Odon, infirme, rachitique et pouvant à peine se mouvoir, était cependant le mieux doué et le plus instruit. Humbert et Amédée avaient de grands égards pour le pauvre malade et supportaient sans se plaindre les bizarreries de son caractère; nul autre qu'eux ne traînait la petite voiture dans laquelle le malade était étendu. Jusqu'à sa mort, survenue à Gênes en janvier 1866, le prince Odon fut entouré de l'affection et des soins les plus dévoués de ses frères. »

« On a remarqué que, dans la maison de Savoie, il y eut toujours un prince contrefait, rachetant par une grande vivacité d'esprit ce vice de la nature. Le roi fut affligé de cette mort ; il était allé voir son fils à Gênes, mais les médecins lui ayant avoué que le malade n'avait plus que quelques heures à vivre, le roi quitta la ville, afin de se soustraire à de pénibles émotions. »

X

Turin, cotobre 1861.

« L'héritier du trône, le prince Humbert, ressemble beaucoup au roi; il est de taille moyenne, robuste et assez élégant, mais ses lèvres grosses et pendantes rappellent trop son origine autrichienne, et sa bouche entr'ouverte donne à sa physionomie une expression qui n'a rien d'agréable; il est élégant cavalier, adroit aux exercices de corps[1]. Là ne s'arrêtent

1. Journal d'un diplomate à Turin (1859-1862).

pas les points de ressemblance avec le roi. Le second fils, le roi Amédée, est de beaucoup plus intelligent et plus distingué. Le troisième, Odon, était fort opposé, dit-on, à la politique que le roi suivait à l'égard de Rome ; et le père, qui redoutait l'esprit de son fils, évitait, pour cette raison, peut-être, de le voir souvent. Le roi, on le sait, est superstitieux à l'excès ; toute sa piété consiste dans une terreur profonde des châtiments futurs, les personnes qui le connaissent le mieux s'accordent à penser qu'il finira ses jours comme son père, le roi Charles-Albert, dans une très haute dévotion ».

Voici encore, à propos des sentiments de Victor-Emmanuel à l'endroit du Pape, une page intéressante à rapporter, que j'écrivais peu de jours après mon arrivée à Turin :

Turin, décembre 1859.

« Le futur roi d'Italie semblait être ce jour-là de fort bonne humeur; c'était pour la première fois que j'approchais une tête couronnée et, je l'avoue, l'émotion qui m'avait saisi en passant le seuil de la porte fut promptement dissipée. Sa Majesté sarde témoigna au prince de la Tour-d'Auvergne le vif regret qu'Elle éprouvait de le voir partir, et lui demanda plusieurs renseignements sur son successeur, le baron Talleyrand-Périgord, et sur la parenté de ce dernier avec le prince de Bénévent. Enfin, au moment où le ministre de l'empereur allait se retirer, le roi lui prit chaleureusement les mains.

« — Quand nous reverrons-nous maintenant, mon cher prince? vous allez à Berlin, moi je reste ici, où j'ai encore tant de choses à faire.

« — De grandes et bonnes choses, assurément, sire, dit le prince.

« — Sans doute, fit le roi ; mais, quoi qu'il arrive, mon cher ministre, je ne veux pas que vous me quittiez sous de mauvaises impressions. Je suis sûr que, vous aussi, me prenez pour un impie, pour un mécréant, comme on veut le dire. C'est à tort ; je ne suis pas un mauvais chrétien ! Si j'ai des rois parmi mes ancêtres, je compte aussi des saints dans ma famille. Tenez, regardez autour de vous !

« — Et en même temps, Victor-Emmanuel montrait avec animation les portraits qui tapissaient les murs du salon.

« — Eh bien, ne pensez-vous pas que là-haut, tous ces saints qui m'appartiennent aient d'autre occupation que de prier pour moi ! Puis, soyez tranquille, ajouta-t-il, comme s'il eût voulu répondre à une question que l'ambassadeur ne s'était pas permis de lui poser, mais que le ton de la conversation amenait assez naturellement, si jamais il s'agissait d'aller à Rome, c'est à Humbert seul, je vous le jure, que je laisserais cette tâche. Pour rien au monde je ne veux y

mettre les pieds. Je respecte le Pape Pie IX
je sais qu'au fond du cœur il m'aime beaucoup,
moi ; n'en doutez pas ; d'ailleurs, que puis-je
souhaiter de plus? n'ai-je pas assez fait pour
l'Italie ? »

« Ces paroles, que je rapporte textuellement,
furent répétées par le roi à plusieurs reprises
et à d'autres personnes qu'au ministre de
France.

« Ce qui est fort singulier, c'est que le roi
Victor disait vrai. Malgré toutes les douleurs
qui lui ont été causées par lui, le Pape a pour
le roi Victor-Emmanuel une sorte de tendresse
inexplicable, une faiblesse dont lui-même
avoue ne pouvoir se départir [1]. »

L'anecdote que l'on va lire, montre le roi

---

1. « Lorsque, en 1862, j'arrivai à Rome, le Saint-
Père apprenant que j'avais passé plusieurs années à la
légation de Turin, me questionna beaucoup sur M. de
Cavour, sur le roi, et finit par me dire : « Ce n'est pas

sous son véritable jour, et les pages qui suivent indiquent bien certains côtés chevaleresques du caractère piémontais et cet admirable esprit de sacrifice qui permirent à Victor-Emmanuel d'accomplir l'unité de l'Italie.

Turin, 1861.

« Voici un incident sérieux qui s'est passé il y a quelque temps. L'empereur Napoléon III, par un de ces revirements soudains, inexplicables, et dont Sa Majesté elle-même n'a pas

au roi que j'en veux le plus; il n'est pas méchant, lui, il est faible, il est vaniteux; je le plains et je ne puis oublier que tous les siens ont aimé l'Eglise; aussi j'espère qu'il s'en souviendra un jour. »

« Le roi est dévot; comme tous les princes de la maison de Savoie, il a eu des sentiments religieux très développés dans son enfance et dans sa jeunesse. Aujourd'hui encore, il fait ses dévotions régulièrement chaque année à Turin; on prétend en Italie que, s'il ne craint pas Dieu comme il devrait le craindre, il a grand'peur du diable. » Voir pour les relations particulières qui ont existé entre le pape Pie IX et le Roi, le *Journal d'un diplomate à Rome. — 1862-1866*, seconde partie. Hachette.)

toujours, dit-on, parfaitement conscience, venait, sous l'inspiration de l'impératrice, sans
doute, d'écrire au roi de Piémont une lettre
dans laquelle il essayait de revenir sur des
promesses trop compromettantes.

« Le roi en éprouva un vif mécontentement,
qui se traduisit, quelques jours après, de la
façon suivante :

« Un bal ayant eu lieu à la cour de Turin,
Victor-Emmanuel, après avoir reçu les félici-
tations du corps diplomatique, entraîna dans un
salon écarté le prince de la Tour-d'Auvergne,
et là, dans les termes les plus violents et les
plus amers, exprima, devant le ministre de
France, toute la surprise et l'irritation que lui
avait causées l'admonestation impériale. Em-
porté et sans mesure, le roi s'oublia jusqu'à
traiter grossièrement le souverain que repré-
sentait M. de la Tour-d'Auvergne : « Qu'est-il,
après tout, cet homme, ce b...? Le dernier venu
des souverains d'Europe , un intrus parmi
nous. Qu'il se souvienne donc de ce qu'il est,

lui, et de ce que je suis, moi ; le chef de la première et de la plus ancienne race qui règne en Europe. »

« L'infortuné M. de la Tour-d'Auvergne, avec beaucoup de sang-froid, écouta l'inconvenante sortie de Victor-Emmanuel ; puis, lorsqu'elle fut terminée, se borna à dire : « Sire, que Votre Majesté veuille bien me permettre de n'avoir pas entendu une seule des paroles qu'elle vient de prononcer. »

« Le roi quitta brusquement son interlocuteur ; mais, dans le cours de la soirée, il rejoignit le ministre de France, et, lui frappant familièrement sur l'épaule, lui dit en souriant, à l'oreille : «Il n'est pas indispensable, n'est-ce pas, mon cher prince, de rapporter à Paris notre conversation de ce soir? D'ailleurs, ne me l'avez-vous pas dit vous-même, vous n'avez rien entendu. »

Turin, juillet 1861.

« Bien que le régime nouveau et surtout les habitudes et l'éducation modernes aient enlevé à la petite noblesse piémontaise la plupart de ses prérogatives, je ne pense pas qu'il existe en Europe une capitale où l'on conserve plus de respect pour les traditions et les vieux privilèges, et où les débris de ce qu'on appelait jadis « la Cour » soient entourés de plus d'égards.

« Rien n'est plus curieux à étudier qu'un de ces salons de l'ancien régime où les vieilles marquises et comtesses contemporaines du roi Charles-Félix s'entretiennent du temps passé et commentent les faits de la révolution italienne. Elles n'ont pas vieilli d'un jour. Le roi est et restera toujours pour elles « Sa Majesté »; mais Sa Majesté ayant perdu le sentiment du bien, est égarée par les ennemis de son trône et dirigée par ce petit Cavour, qui « est de naissance » cependant, mais dont on ne peut expliquer les folies et le libéralisme.

« Dans le vieil hôtel de la place Saint-Charles, on lit avec assiduité l'*Union*, de Paris, la *Gazette de Vérone* et l'*Armonia*. Les petits-fils de la marquise sont provisoirement élevés à Vienne, quand on le peut, et les filles au Sacré-Cœur de Chambéry ou de Paris. Quant aux fils, ils sont au service du roi, comme de bons et fidèles gentilshommes; l'aîné, le chef de famille, a trouvé la mort à Novare et le second a failli être tué à Solférino.

« C'est au sein de cette vieille et honnête aristocratie piémontaise que résident le dévouement absolu, l'abnégation sincère et la foi monarchique. Où va le roi, ses nobles le suivent. La cause semble-t-elle injuste, froisse-t-elle les sentiments intimes, peu importe; n'est-ce pas l'antique maison de Savoie qu'il faut entourer et défendre ? On comprend sans peine que cette petite armée, composée de tels officiers et de tels soldats, ait pu, en 1848, accomplir, à elle, seule des prodiges et tenir en échec des forces imposantes.

« Aujourd'hui, l'élément piémontais existe encore, mais disséminé dans une armée de trois cent mille hommes ; la valeureuse brigade de Savoie n'est plus, et les soldats qui ont combattu auprès de Charles-Albert se font rares.

« Le sentiment de l'honneur et l'énergie personnelle se rencontrent certainement chez l'officier et le soldat des nouvelles provinces, mais cet amour de la patrie, ce dévouement au roi, le retrouvera-t-on dans le Napolitain, le Toscan, le Modénais, l'habitant des Marches ? Et, il faut l'avouer, ce sont tous ces éléments disparates qui composent aujourd'hui l'armée italienne. »

XI

Les Italiens, avant même que les dépouilles
de leur roi aient été ensevelies dans le cercueil, se sont hâtés de lui décerner le titre de
Grand. Nous doutons que la postérité ratifie
cette dénomination. Victor-Emmanuel, ce modèle inimitable des rois et présidents constitutionnels, n'avait en réalité que des qualités
négatives. Son mérite fut d'être de son temps et
d'avoir compris les exigences de ce qu'on est
convenu d'appeler le droit moderne, droit qui
ressemble à s'y méprendre aux droits de la

Révolution, de la force brutale et des foules.
Selon une formule célèbre, *il s'est soumis*, lui
aussi, sans songer, un seul jour, à se démettre.
Ce que voulaient les ministres, il le voulait, et,
malgré l'aversion bien connue que lui inspirait
la personne de ses conseillers de la dernière
heure, il n'a cessé de faire bonne figure et n'a
manifesté aucune velléité de rébellion. C'était
pour les volontés d'un parlement, le monarque
le plus complaisant et le plus souple. Aussi les
Italiens, — si tant est que ce droit moderne ait
longue durée, — ne rencontreront jamais un
plus docile exécuteur des caprices de la nation.

Nul souverain n'a été plus populaire, ayant
moins mérité de l'être. On l'aimait, surtout,
parce qu'en lui, aucune supériorité, aucune
vertu, aucun genre de mérite n'offusquait l'orgueil de ses sujets. Il a été adoré principalement
de ceux qui ne l'ont point approché. Ses vices,
ses défauts et ses qualités également vulgaires

le rendirent l'idole de tous. Il était généreux ou plutôt prodigue, esclave de ses caprices et de son tempérament, grossier dans ses goûts, dans ses mœurs, infatigable à la marche, à la chasse et familier avec tous. En faut-il davantage pour exciter l'enthousiasme des populations et faire pâmer d'aise les républicains de France ! Il laisse, dit-on, plus de 36 millions de dettes personnelles. L'Etat sera heureux de faire honneur à la signature du grand roi. — Son successeur, du reste, entre autres vertus, est économe.

Rome a décrété de splendides funérailles au premier soldat de l'indépendance italienne, et Rome a bien agi.

Les puissances de l'Europe ont délégué aux obsèques royales leurs princes ou leurs personnages les plus élevés. La France a envoyé à Rome un des hommes que Victor-Emmanuel estimait et chérissait le plus : le maréchal Canrobert qui, en 1859, par un coup d'audace et de génie, [1], avait sauvé la capitale. Le roi ne l'oublia jamais.

[1] Voici sur ce fait de guerre si important, des détails peu connus que j'ai recueillis du maréchal lui-même :

« Vous savez, me dit-il un jour avec quelle précipitation fut déclarée la guerre de 1859 entre l'Autriche et l'Italie. Il n'y avait pas un instant à perdre, les Autrichiens étaient sur le théâtre de la lutte. Notre armée dut s'avancer, d'un côté par Gênes, de l'autre par les Alpes. J'étais le chef de l'armée qui, suivant le chemin d'Annibal et de Bonaparte, dit en souriant le maréchal, descendait de France par les montagnes. Le temps pressait. Déjà les Autrichiens menaçaient Turin. Enfin, j'arrive à Suze, au pied du mont Cenis. Nous étions prêts à peine, équipés à la hâte, et je n'avais avec moi que l'avant-garde de mon corps d'armée, huit mille hommes environ. — Or, voici ce que contenaient mes instructions : « Il est interdit au maréchal Canrobert d'agir « isolément et d'engager ses troupes avant leur réunion « complète. » Puis. en *Post-scriptum* : — « Le maré- « chal Canrobert se rendra compte personnellement, à « son arrivée à Turin, des positions de la Dora-Baltéa « que l'on nous annonce comme formidablement défen- « sives ; si elles lui paraissent telles, il est autorisé, sous « sa responsabilité personnelle, à les occuper. »

Vous êtes arrivé à Turin, quelques jours après ces événements ; vous n'ignorez donc pas quelle panique avait saisi l'esprit de tous. La capitale piémontaise, ville

Rien ne saurait égaler la magnificence de la pompe funèbre et le faste des cérémonies. Deux cent mille personnes avaient, depuis

ouverte, située en rase campagne, était une proie facile. Les Autrichiens se montraient à quelques lieues ; du haut des clochers, on pouvait les apercevoir dans la direction de Verceil. Les habitants de Turin étaient terrifiés ; on emballait déjà les archives du royaume. En débarquant à Suze, je trouvai le Roi, venu au-devant de moi, dans un état d'inquiétude difficile à décrire. Il me supplia de prendre position sur la Dora-Baltéa.

Nous arrivons à Turin et je cours, au débotté, visiter avec lui les lieux en question. C'était un point impossible à défendre ! — Mais, dit le Roi qui ne me quittait point, nous le jugions très-important, capable d'arrêter les Autrichiens. — Hélas ! non, répondis-je à Victor-Emmanuel, Votre Majesté voit elle-même qu'il n'y faut plus songer ; chercher à défendre ce point serait nous perdre inutilement.

— Mais que devenir ? Les Autrichiens sont à quelques lieues, dit le Roi. A tout prix, ils veulent occuper ma capitale, il faut prendre un parti !

C'est alors que je montrai au Roi mes instructions. Après les avoir lues, il me les rendit en disant : « Je suis donc perdu ! »

— Non, Sire, répondis-je, vous ne l'êtes pas ; il ne sera pas dit que la capitale des alliés de la France aura été brûlée devant les baïonnettes françaises. Votre Majesté peut-elle me garantir que Casale et Alexandrie

plusieurs jours, envahi la ville. Un corps d'armée tout entier a servi d'escorte, et depuis longtemps les Romains, ivres de spectacle, n'a-

(
vingt lieues en avant sur le flanc gauche des Autrichiens) peuvent mettre à l'abri les quelques milliers d'hommes que je possède?

— Je vous en donne ma parole de Roi, répondit Victor-Emmanuel.

— Alors, je n'hésite pas, Sire, malgré la responsabilité immense qui va m'incomber, à me porter sur Casale et sur Alexandrie, si vous voulez m'y suivre. Pour sauver Turin, il faut l'abandonner. Ce mouvement stratégique, menaçant les communications de l'ennemi, peut seul dégager la capitale. Le roi se jeta dans mes bras.

— Oh! merci! maréchal, nous partirons cette nuit.

Je quittai le Roi pour prendre les dispositions nécessaires; nous devions partir au jour naissant. A minuit, je fus m'étendre tout habillé sur un canapé. Je logeais au palais, dans un des appartements royaux. A peine reposais-je depuis un quart d'heure que j'entends frapper à ma porte. J'ouvre. Entre un petit homme, gros, court, à lunettes, dont le visage m'était inconnu.

« Je suis le comte de Cavour, dit-il, et je viens vous demander, maréchal, si Sa Majesté ne s'est pas trompée, s'il est bien vrai que vous, maréchal de France, vous vous refusiez à défendre Turin et que vous abandonniez les positions de la Dora-Baltéa. C'est impossible! — Cela est pourtant ainsi, repris-je, monsieur le comte,

vaient admiré dans le Corso, un tel défilé. Le roi, mort le 9, a été enterré le 17. Les larmes nationales, hélas! avaient eu tout le temps de sécher.

je suis seul juge; n'ayant point de conseil en politique à vous donner, souffrez qu'en fait de dispositions militaires je ne vous en demande pas. — Quelle responsabilité sera la vôtre, monsieur le maréchal, devant l'histoire et devant l'Empereur! — Croyez, monsieur le comte, que j'ai réfléchi avant de prendre cette décision. Autant que vous je désire sauver le roi de Sardaigne et sa capitale. Voilà pourquoi j'emploie l'unique moyen qui nous reste.

Le grand ministre partit, après m'avoir salué froidement, et je repris mon canapé.

Deux heures après, au petit jour, nous quittions Turin. Dès que les Autrichiens eurent connaissance de notre départ, ils abandonnèrent leur marche en avant sur Turin et rétrogradèrent à la hâte en se portant de notre côté. La ville était sauvée! Mon plan avait merveilleusement réussi. Sans doute, c'était un coup audacieux, mais le seul qui pût dégager la capitale. Avec les Prussiens, tels que nous avons appris à les connaître, j'eusse été perdu. Ils auraient certainement connu, eux, l'insuffisance de nos forces, et ne se seraient point donné la peine de revenir sur leurs pas. Ils auraient été informés que notre armée descendait lentement, très-lentement les Alpes, et qu'avant qu'un corps d'armée eût pu opérer sa jonction avec les troupes venues par mer et débarquant

Dès l'aube, des salves d'artillerie retentirent en se répondant de minute en minute. Des batteries de canons placées sur les hauteurs du Pincio et de Monte Mario ébranlaient les vieux murs de la ville éternelle, tandis que les places et les rues se remplissaient d'une foule curieuse, et plus bavarde qu'émue.

« Néant des grandeurs ! Vanité des

à Gênes, ils avaient tout le temps d'envahir, de saccager Turin, d'emmener le Roi prisonnier avec son gouvernement.

Le Roi n'a jamais oublié le service que je venais de lui rendre en cette circonstance. Ces faits si importants du début de la campagne n'ont pas été relevés, comme je le disais. L'Empereur seul les a appréciés; ils sont, au reste, consignés dans un ouvrage officiel sur la campagne d'Italie, publié par le ministère de la guerre. Quant à M. de Cavour, nous fûmes séparés pendant la durée de la campagne. Nous nous retrouvâmes à Milan. A peine m'eut-il aperçu qu'il se jeta dans mes bras et m'embrassa : « Comme vous aviez raison, monsieur le maréchal, me dit-il, de m'éconduire, certaine nuit, au palais de Turin ! Sans votre promptitude, sans votre décision, nous étions perdus avant même l'arrivée des Français. » M. de Cavour n'était point banal, vous le savez, monsieur d'Ideville.

(*Une visite au maréchal Canrobert.* Paris, 1876.)

politiques ! » disait en termes éloquents, M. Louis Teste, la veille des funérailles.

« Lorsqu'on conduira à la sépulture le cadavre royal, maintenant exposé au Quirinal où se tenaient les conclaves, le vieux Pontife fera rouler son fauteuil auprès des fenêtres du Vatican d'où l'on domine la ville éternelle. Et là, il apercevra la foule, avide de spectacles, se dérouler en longs serpents sur les rives du Tibre, jaune comme au temps d'Horace, pour montrer que le grouillement de l'espèce humaine ne parvient même pas à changer la couleur d'un petit fleuve. »

« Et il dira avec son fin sourire à la *Corona* de prélats et de cardinaux : « Trois rois ont fait l'unité italienne : Napoléon, Victor-Emmanuel, Guillaume. Napoléon est mort le 9 janvier 1873, Victor-Emmanuel le 9 janvier 1878. Si j'étais à la place de Guillaume, j'aurais bien peur que le vieux Pape ne reçût de mauvaises nouvelles le 9 janvier 1879. »

« Maintenant que la miséricorde de Dieu a passé sur le roi Victor-Emmanuel, paix à la mémoire de cet homme qui fut plus faible, que criminel et plus ambitieux que méchant. L'auguste Pontife, dépouillé par ses mains, n'a-t-il pas béni et pardonné !

Seul, Celui qui sonde les cœurs, peut savoir si le moribond s'est repenti. Pauvre moribond ! dont les dernières paroles furent celles-ci, prononcées en piémontais: « *Mi povr om ! cam despias lassé l'Italia in cost pastiss !* » Malheureux que je suis ! quel chagrin de laisser l'Italie dans un tel embarras !

TABLE SOMMAIRE DES CHAPITRES

I

Le roi Charles-Albert. — Intérieur du palais de Turin. — Le père de Victor-Emmanuel jugé par un grand italien. — La maison de Savoie diffamée par Joseph Montanelli. — Enthousiasme des républicains français pour le roi d'Italie. — Le roi d'Italie doit être jugé impartialement en France.

II

Enfance de Victor-Emmanuel. — Goûts du jeune prince pour les exercices du corps. — Le duc de Gênvees. —

Mariage de Victor-Emmanuel avec Marie-Adélaïde d'Autriche. — Antipathie de Charles-Albert pour son fils. — Le statut en Piémont. — Campagne de 1848. — Courage du roi. — Abdication de Charles-Albert; sa mort.

III

L'Italie à l'avénement de Victor-Emmanuel. — Mazzin et Cavour. — La guerre de Crimée. — Entretien de Plombières. — Les complices et les instruments de l'unité italienne. — La campagne de 1859. — Traité de Villafranca. — La mort de Cavour, 1861. — Victor-Emmanuel *le conquérant pacifique*. — Malchance des Italiens sur les champs de bataille. — Tendresse de Victor-Emmanuel pour Napoléon III. — Les annexions. — *Grande Italie; grande Allemagne; petite France*. — L'unité italienne jugée par Proudhon.

IV

Transfert de la capitale à Florence (1862). — Tentatives contre Rome, Mentana (1866). — Invasion de Rome par les Piémontais (1870). — La brèche de la Porta Pia. — La première nuit du roi à Rome. — L'inon-

dation du Tibre. — Scrupules de Sa Majesté. —
Rome lui sera fatale.

V

L'unité italienne accomplie sans dangers, sans lutte,
sans gloire. — Les annexions successives. — La Lombardie ; la Toscane ; Parme et Modène. —Les Léga-
tions et les Marches. — Le royaume de Naples. —
L'étoile de la maison de Savoie. — Le plus heureux
des rois.

VI

La mort du roi (9 janvier 1878). — La dernière signature. — Le dernier décret réglant les funérailles du
Pape vivant. — Détails sur la mort du roi d'Italie.
— Le Vatican et le Quirinal. — Admirable charité
du Souverain Pontife. — Les derniers sacrements.
— Absence de la princesse Clotilde et du duc
d'Aoste.

VII

Victor-Emmanuel jugé par l'histoire. — Refus impru-
dent du gouvernement italien de laisser enlever le roi à

la Superga de Turin. — Affection de Victor-Emmanuel pour la ville de Turin et le Piémont. — Le nouveau roi d'Italie à Florence en 1862. — Abandon de
Turin par la famille royale. — Irritation des Piémontais.

VIII

Portrait de Victor-Emmanuel. — La statue du roi
Charles-Albert. — Le chef des Huns, le roi barbare.
— Le roi en 1850, son caractère, ses habitudes et ses
goûts. — Popularité du roi. — Un faux Henri IV. —
Le roi et Garibaldi. — Le tombeau de Garibaldi. —
Victor-Emmanuel aux dîners de cour et en chasse. —
Horreur du roi pour l'étiquette.

IX

Le roi à la *Mandria*. — Relations du roi avec Rosine.
— La comtesse de Mirafiori. — La reine Marie Adélaïde. — Une sainte et une martyre. — Mort de la
reine (1855). — Influence de la maîtresse favorite. —
La famille morganatique du roi Victor-Emmanuel. —
Mariage du roi avec la comtesse de Mirafiori. — Sa
tendresse pour ses enfants adultérins, son indifférence
pour ses enfants légitimes. — Éducation des jeunes
princes à Moncalieri. — Le prince Odon, sa mort à
Gênes en 1866.

X

Le roi Humbert. — Sentiments de Victor-Emmanuel à l'égard du Pape. — Une audience du roi de Sardaigne en 1859. — Les saints et les rois de la famille. — Affection de Pie IX pour Victor-Emmanuel. — Comment le roi de Piémont traitait l'empereur Napoléon III. — La vieille Cour de Turin. — La noblesse piémontaise. — La brigade de Savoie. — Dévouement et abnégation des anciennes provinces.

XI

Les funérailles de Victor-Emmanuel le Grand. — Le droit moderne. — Le modèle des rois constitutionnels. Antipathie du roi pour ses derniers ministres. — Les dettes du Souverain. — Sa popularité. — Le maréchal Canrobert à Rome. — Affection du roi pour lui. — Magnificence de la pompe funèbre. — Le Panthéon d'Agrippa. — Le vieux pontife au Vatican. — Les dernières paroles de Victor-Emmanuel.

Paris. — Imprimérie ALCAN LÉVY, 61, rue Lafayette.

OUVRAGES DU Cte H. D'IDEVILLE

Journal d'un diplomate en Italie. — Notes intimes pour servir à l'histoire du second Empire. (Turin, 1859-1862). Librairie Hachette. 3e édition.

Journal d'un diplomate en Italie. — Notes intimes, pour servir à l'Histoire du second empire. (Rome, 1862-1866). Librairie Hachette. 3e édition.

Journal d'un diplomate en Allemagne et en Grèce. — (Athènes. — Dresde, 1866-1869). — Librairie Hachette. 2e édition.

Les Piémontais à Rome. — Mentana; la Prise de de Rome. (Lettres du comte de Résie, éditées et recueillies par M. Henry d'Ideville). 1 vol. in-18. (Épuisé.)

Les Châteaux de mon enfance (Auvergne et Bourbonnais.) Palmé. — 1 vol. grand in-8. Eaux-fortes.

Les Prisonniers de la Commune. — Extraits inédits de mon journal. 1 vol. in-18. Jouaust, éditeur.

Mgr Xavier de Mérode. — 1 vol. in-16. (Épuisé.)

Vieilles Maisons et jeunes Souvenirs. — Le Collége, l'Ecole de droit, le Ministère des affaires étrangères. 1840-1859. 1 vol. in-18. Chez Charpentier.

PARIS. — ALCAN-LÉVY, IMPRIMEUR BREVETÉ
61, rue de Lafayette.